왜 민주주의가 필요할까?

왜 민주주의가 필요할까?

권재원 글 | 정민영 그림

머리말

여러분, 나라가 누구 것이냐고 물으면 어떻게 대답할래요? 어떤 친구는 대통령이라고 말할지도 몰라요. 또 어떤 친구는 국회의원이나 시장님을 떠올릴 수도 있어요. 아, 교과서에 국민이 나라의 주인이라고 나와 있다고요?

맞아요. 정답은 바로 여러분이에요. 대한민국은 '민주공화국'이니까요. 이 말은 나라의 주인이 국민이라는 뜻이고, 국민 중에는 어린이 여러분도 포함되어 있답니다.

그럼, 주인이라면 마음대로 해도 되는 걸까요? 그렇지 않아요. 스마트폰도 아무렇게나 다루면 고장 나듯이, 나라도 관심을 갖지 않으면 금세 망가져요. 그래서 주인이 되려면 제대로 알고, 생각하고, 책임지는 태도가 필요해요.

그런 주인을 우리는 '시민'이라고 불러요.

이 책은 여러분이 시민으로 자라는 데 도움을 주는 민주주의에 대한 책이에요. 이 책은 먼 옛날, 아테네와 로마에서 민주주의가 어떻게 시작되었는지, 왜 '자유'와 '평등'이 중요하고, '법'은 왜 지켜야 하는지 그리고 어떻게 하면 서로 다름을 존중하며 함께 살아갈 수 있는지를 알려 줘요. 굉장히 어렵게 들리죠? 걱정하지 말아요. 어려운 말 대신 쉬운 설명과 재미있는 그림으로 구성되어 있으니, 즐겁게 읽을 수 있을 거예요.

민주주의는 한 번 배웠다고 끝나는 게 아니에요. 관심을 가지고, 서로 이야기를 나누고, 함께 더 나은 세상을 만들기 위해 노력해야 해요. 이 책을 읽고 나면 여러분은 그저 '대한민국 국민'이 아니라, 진짜로 나라를 아끼고 사랑할 줄 아는 '민주 시민'이 될 수 있답니다.

자, 이제 민주주의라는 이름의 여행을 시작해 볼까요? 시작이 반이라고 하지요? 첫걸음을 내디딘 지금, 여러분은 이미 우리나라의 멋진 주인으로 자라고 있어요. 그런 멋진 주인을 가진 대한민국 역시 멋진 나라가 되겠죠?

차례

1장 우리나라는 어떤 나라일까?

대한민국은 민주공화국이다 / 10

2장 민주주의는 어떻게 시작되었을까?

선거로 선출된 지도자가 다스렸던 고대 아테네 / 20

민주주의의 주요 정치제도를 만든 고대 로마 / 49

민주주의가 가진 문제점 / 57

생각 씨앗 심기 · 64

3장 민주주의란 무엇일까?

민주주의가 가져야 할 기본 원리 / 68

대의제와 다두제는 무엇일까? / 76

민주주의가 아닌 정치들 / 88

생각 씨앗 심기 • 98

4장 왜 민주주의가 필요할까?

민주주의를 지켜야 하는 이유 / 102

생각 씨앗 심기 • 110

1장

우리나라는 어떤 나라일까?

대한민국은 민주공화국이다

우리는 대한민국 국민이에요. 만약 다른 나라에 대한민국을 소개해야 한다면 제일 먼저 무엇부터 이야기해야 할까요?

정답은 '헌법'에 있어요. 그 나라가 어떤 나라인지 알려면 모든 법 중 최고 법인 헌법을 살펴보면 되어요. 대한민국 헌법의 제1조는 이렇게 되어 있어요.

대한민국은 민주공화국이다.
대한민국의 모든 권력은 국민으로부터 나온다.

헌법 첫 부분에서 대한민국이 어떤 나라인지 딱 선언하고 있어요. 헌법은 나라의 최고 법이에요. 그 나라의 어떤 법이나 제도도 모두 헌법에서 벗어날 수 없지요. 그러니까 대한민국의 그 어떤 법이나 제도도 '대한민국이 민주공화국이라는 것' 그리고 '권력이 국민으로부터 나온다'는 원칙을 어길 수 없어요.

그렇다면 '민주공화국'이란 무엇일까요? 또 '권력이 국민으로부터 나온다'는 것은 어떤 뜻일까요?

민주공화국은 '민주주의 공화국'이라는 말이에요. 그런데 '민주주의'의 뜻은 무척 복잡해요. 한자의 뜻을 풀이하면 '국민이 주인이 되는 정치'라는 말이지만, 이렇게 간단하게 단정짓기는 어려워요.

당장 북한만 하더라도 나라 이름이 '조선 민주주의 인민공화국'이에요. 독일이 동독과 서독으로 나뉘어 있던 시절에 공산당이 지배하던 동독의 이름은 '독일 민주공화국'이었고요. 북한이나 동독이 민주주의와 거리가 먼 나라라는 것은 따로 설명이 필요하지 않겠지요? 하지만 어떤 점에서 북한이나 동독이 민주주의가 아닌지를 설명하는 것은 쉽지 않아요. 민주주의와 민주주의가 아닌 것을 구별하는 기준을 먼저 알아야 하기 때문이지요.

'공화국'이라는 말도 마찬가지예요. 사전을 찾아보면 공화국은 '임금님이 없는 나라'라는 뜻이에요. 그래서 북한도 공화국이라고 하지요. 김정은을 부르는 호칭이 임금님은 아니니까요. 반대로 왕이 있는 영국, 스웨덴, 네덜란드 같은 나라는 공화국이 아니라 '왕국'이에요.

지금 북한을 통치하는 김정은은 왕이 아니에요. 그래서 '공화국'이라고 하지요. 하지만 김정은의 권력은 북한에서 그 누구도 견제하거나 거역할 수 없어요. 왕은 아니지만 사실상 왕이나 다름없는 권력을 휘두르고 있지요. 반면에 영국, 네덜란드, 스웨덴의 왕은 이름이 왕이지 실제로는 아무런 권력이 없고, 국민의 대표 기구인 '의회'에서 모든 정치가 이루어져요. 그렇다면 단지 통치하는 사람이 왕이냐 아니냐를 기준으로 공화국을 정의하는 것이 어렵다는 것을 알 수 있어요.

이렇게 대한민국 헌법의 첫 줄인 '대한민국은 민주공화국이다'라는 의미는 매우 복잡해서 쉽게 이해되지는 않아요. 그렇다면 어떻게 해야 할까요? 공부를 해야 하는 거죠. 왜 공부해야 할까요?

<u>민주주의는 국민이 주인인 나라고, 주인에게는 주인으로서 책임이 있기 때문이에요.</u> 주인이라면 마음대로 하면 되는 거 아니냐고요? 아니에요. 그러면 주인이 될 자격이 없어요.

스마트폰을 예로 들어볼게요. 스마트폰의 주인이라면 스마트폰을 아무렇게나 막 써도 될까요? 그렇지 않아요. 주인은 스마트폰을 잘 간수하고 잘 사용해야 할 책임이 있어요. 방전되지 않도록 때맞춰 충전해야 하고, 떨어뜨려 깨뜨리거나 물에 빠뜨려 고장 나지 않도록 챙겨야 하고, 비밀번호를 잘 관리해 개인정보가 새 나가지 않도록 해야 하고, 적당하게 사용해서 스마트폰 중독에 빠지지 않도록 해야 하는 것 등이 스마트폰 주인이 져야 할 책임이지요.

이런 일은 다른 누가 대신해 주지 않아요. 만약 이런 책임을 소홀히 해서 스마트폰이 망가지거나, 개인정보가 유출되어 범죄에 이용되면 책임은 오직 스마트폰 주인에게 있지, 다른 누가 책임져 주지 않아요.

그런데 스마트폰 주인으로서 책임을 다하려면 제일 먼저 무엇을 해야 할까요? 결국 스마트폰에 대해 잘 알아야 해요. 스마트폰의 원리, 구성 등을 잘 알아야 고장이나 파손을 예방하고 오래오래 잘 쓸 수 있지요. 또 개인정보 유출 역시 개인정보를 보호할 수 있는 보안 프로그램이나 방법을 잘 알아야 예방할 수 있어요. 알지 못하는 것에 대해서는 책임을 질 수 없고, 책임을 지지 않으면서 주인 노릇을 할 수는 없지요.

작은 스마트폰 하나도 이런데 하물며 나라의 주인 노릇을 하려면 얼마나 큰 책임을 져야 하고, 또 이를 위해 얼마나 많은 공부를 해야 할까요? 물론 공부도 하지 않고, 책임도 지지 않고, 그러면서도 나라의 주인 행세는 하고 싶은 사람이 있을 수 있어요. 심지어 나라에 대해 아예 관심 두지 않고 나만 챙기고 살겠다는 이기적인 사람도 있겠지요.

하지만 그건 불가능해요. 어떤 나라에서 태어나고, 어떤 나라에서 살아가느냐에 따라서 '나의 삶'은 완전히 달라지거든요. 지금 우리는 가난한 게 걱정일 수 있어도 당장 먹을 게 없을 정도의 상황은 아니잖아요? 또 말 한마디 잘못했다고 체포되는 건 아닌지 두려워하지 않지요. 재난이나 사고를 당해도 나라에서 구조대를 보내 줄 거라는 믿음을 가지고 있어요. 그런데 우리가 이렇게 당연하게 생각하는 것들이 전혀 당연하지 않은 나라도 많아요. 대한민국에 태어났다는 이유 하나만으로도 우리는 이미 지구에서 상위 10% 안에 속해 있는 거예요.

그렇기 때문에 아무리 이기적인 사람이라도 어떤 나라에서 태어났느냐, 어떤 나라에서 살아가느냐, 이 나라가 앞으로 어떤 나라가 되느냐 하는 문제로부터 자유로울 수 없어요. 우리는 대한민국 국민으로 태어났어요. 이 순간 우리는 대한민국 국민이

누릴 수 있는 여러 혜택을 누리고 있으며, 그것만으로도 이미 세계에서 상위권의 삶을 살고 있는 거예요.

하지만 어떤 나라도 영원히 번영할 수는 없어요. 아무리 좋은 스마트폰도 주인이 함부로 다루면 망가지듯이, 나라도 주인이 함부로 다루면 망가지거든요.

1930년대 초반만 해도 독일은 세계에서 가장 민주적이고 진보적인 민주공화국이었어요. 하지만 불과 몇 년 만에 수백만 명을 학살한 세계 역사상 가장 잔혹한 독재자 히틀러의 나라가 되었지요. 히틀러는 결코 총이나 칼로 쿠데타 같은 걸 일으킨 게 아니에요. 민주적인 선거를 통해 독일의 통치자가 되었어요. 이처럼 주인이 잘못된 선택을 하면 나라가 완전히 바뀌고 피해는 모두 주인들이 감당해야 해요.

민주공화국인 대한민국 국민으로 태어난 우리는 나라의 주인다운 자격을 갖추어 나라를 잘 알고, 잘 써야 해요. 이런 사람을 '시민'이라고 하지요. 국민은 그 나라의 국적을 가진 사람이지만 시민은 그 나라의 주인다움을 가진 사람이에요. 우리는 시민으로 자라야 해요. 그러기 위해 민주공화국이 무엇인지 공부해야 하고요.

 민주주의는 영어의 Democracy를 옮긴 말이에요. 그리고 Democracy는 그리스 말인 Demos(인민, 민중, 다수)와 Kratos(통치)가 합쳐진 것이죠. 공화국은 영어의 Republic을 옮긴 말입니다. Republic은 고대 로마의 Res(재산), Publicus(공동의)에서 비롯된 말이죠. 왜 모두 그리스 말이고 로마 말일까요? 그것은 민주주의 정치를 가장 먼저 실시했던 나라가 고대 그리스의 여러 도시국가 중 하나인 아테네와, 한때 지중해 세계를 지배했던 로마였기 때문이에요.

 이제 민주주의와 공화국에 대해 알아보기 위해 2500년 전으로 거슬러 올라가야 해요. 민주주의와 공화국에 대한 기본적인 가치와 제도는 대부분 이때 만들어졌어요. 하지만 어디까지나 아주 오래전이었기 때문에 한계와 약점이 있었고, 그것을 하나하나 고치고 보태면서 오늘날의 민주공화국이 만들어졌지요.

2장 민주주의는 어떻게 시작되었을까?

선거로 선출된 지도자가 다스렸던 고대 아테네

　민주주의가 시작된 곳은 지금으로부터 2500여 년 전에 있었던 아테네라는 나라예요. 아테네는 오늘날 그리스의 수도이기 때문에 이를 구별하기 위해 '고대 아테네'라고 부르지요.

　고대 아테네는 어떤 나라였을까요?

　고대 그리스는 오늘날과 같은 하나의 나라가 아니라 '폴리스'라 불리는 여러 도시국가로 이루어져 있었어요. 우리나라로 치면 서울, 부산, 대구, 인천, 광주 등이 각각 하나의 나라였던 셈이지요. 아테네는 그런 폴리스 중 하나였고요.

폴리스들은 같은 민족이라는 공동체 의식을 가지고 있기는 했지만, 어디까지나 각기 독립된 나라였어요. 서로 다른 독특한 제도와 문화를 가지고 있었고, 때로는 전쟁도 했지요. 아테네는 이 폴리스 중 가장 잘사는 나라였어요.

아테네 사람들은 자기네 폴리스에 대한 자부심이 강했고 무엇보다 가장 자랑스러워한 것은 아테네의 정치가 '민주주의'라는 것이었어요. 그때는 우리 땅에 고구려가 세워지기도 전이지요. 그 옛날에 민주주의라니 자랑스러워할 만도 합니다.

아테네는 왕이 아니라 시민의 선거로 선출된 지도자가 나라를 다스렸어요. 지도자는 정해진 기간 동안만 통치하고 임기가 끝나면 다시 일반 시민으로 돌아갔죠. 다른 나랏일을 담당하는 주요 공직도 모두 시민의 선거로 뽑았어요.

지도자와 공직자로 뽑혔다고 해서 마음대로 통치할 수 있는 것은 아니었어요. 나라의 중요한 일은 시민 전체가 모이는 '민회'에서 회의와 토론을 통해 결정했으니까요. 만약 시민의 뜻을 무시하고 자기 마음대로 결정하는 지도자가 있다면 '도편추방제'라는 제도에 의해, 투표를 통해 나라 밖으로 쫓아버렸어요.

물론 아테네의 민주주의가 완전한 것은 아니었어요. 아무리 시대를 앞서 나갔다 해도 2500년 전이니까요. 우선 여자는 정치에 참여할 수 없었어요. 또 노예도 참여할 수 없었죠. 그래서 아테네 사람 중 시민이라 할 수 있는 사람은 전체 인구의 1/3이 채 되지 않았어요. 그래도 한 사람이 아니라 국민의 1/3이 참여해 나라의 일을 결정하는 정치제도는 당시 다른 나라에서는 상상도 하기 어려웠지요.

페리클레스는 아테네에서 가장 유명한 정치가였어요. 아테네의 전성기를 이끈 지도자일 뿐 아니라 민주주의가 어떤 정치인지 설명하는 훌륭한 연설문도 남겼지요. 이 연설문은 아직까지 민주주의가 어떤 정치체제인지 설명한 가장 훌륭한 자료로 손꼽히고 있어요.

그러면 페리클레스의 연설문 내용을 중심으로 가장 오래된 민주주의의 특징이 무엇인지 살펴볼게요. 오늘날 우리가 누리고 있는 민주주의는 결국 여기에 새로운 것을 덧붙여 만든 것이니까요.

권력은 여러 사람에게서 나온다

페리클레스는 민주주의를 아주 간단하게 정의했어요.

"우리의 정치는 민주주의라 불립니다. 권력이 소수의 손에 있는 것이 아니라 다수$_{demos}$에서 나오기 때문입니다."

바로 여기서 민주주의의 영어 단어인 Democracy가 비롯되었지요. 민주주의를 한 줄로 설명하면 '다수의 통치'라고 할 수 있어요. 하지만 무조건 다수가 옳다는 것, 다수의 뜻대로 정치가 이루어진다는 뜻은 아니에요. '다수결'은 민주주의의 중요한 의사결정 방법이지만, 다수결로 의사결정을 한다고 반드시 민주주의는 아니에요.

여기서 말하는 '다수'는 단지 숫자가 많다는 의미가 아니라 일반 시민, 보통 사람이라는 뜻이에요. 즉 권력이 특권층, 부유층이 아니라 일반 시민, 보통 사람에게서 나온다는 말이지요. 그런데 아무래도 특권층, 부유층보다는 일반 시민, 보통 사람의 수가 더 많을 것이기 때문에 이것이 '다수의 통치', '다수결'과 비슷한 의미로 사용된 것이죠.

그럴 가능성은 별로 없지만, 만약 특권층의 수가 일반인보다

더 많은 사회라면, 이런 사회에서는 다수결이 오히려 민주주의의 반대가 되는 것이겠지요.

이때 보통 사람, 일반 시민과 특권층 혹은 부유층을 가리지 않고 하나의 집합으로 보면 이를 '인민People'이라고 부릅니다. 북한이나 중국에서 주로 사용하는 '인민'은 원래 '평등한 사람들의 집합'을 의미해요. 그리고 인민이 모여 정부를 세워 나라를 만드는 것을 '인민 주권'이라 하고, 이때부터 인민이 국민이 되는 것이죠.

모든 사람은 법 앞에서 평등하다

권력이 다수에서 나온다고 한 페리클레스는 또 이렇게 말했어요.

"우리의 법은 모두에게 똑같이 적용됩니다."

법은 왜 중요할까요? 민주주의가 다수에게 권력이 있는 정치라고 하더라도 그 뜻이 실제로 힘을 가지지 않으면 아무 소용이 없어요. 법은 바로 그 다수의 뜻을 명확하게 규정해 누구나 지키도록 강제하는 약속이에요.

　그런데 법이 사람에 따라, 신분에 따라 누구에게는 적용되고 누구에게는 적용되지 않는다면 아무런 의미가 없겠지요? 법이 다수의 뜻에 따라 나라 안에 사는 모든 사람이 지키기로 한 약속이라면 그 약속은 모든 사람에게 똑같이 적용되어야 해요. 이것이 바로 민주주의의 가장 중요한 원칙인 '법 앞의 평등'이지요.

　민주주의는 권력이 특권층이나 특정한 인물이 아니라 보통 사람에게 있다고 했어요. 그렇다면 사람들 간의 권력은 모두 같아야 하지요. 누구는 더 크고 누구는 더 작지 않은 것이 당연해요. 따라서 법 역시 모든 사람에게 똑같이 적용되어야 하고요. 단 한 사람에게라도 법이 다르게 적용된다면, 이것은 민주주의가 아니에요. 누군가에게는 법이 너무 엄하고 누군가에게는 법이 너무 느슨하다면, 99.9%의 사람들이 평등하더라도 민주주의가 아니라는 거죠.

　그런데 법이 우리에게 주는 느낌은 좀 딱딱하고 무서워요. 그래서 민주주의라고 하면 법을 떠올리기가 쉽지 않지요. 하지

만 우리가 할 수 있는 일과 없는 일, 해야 하는 일 등을 정하는 규칙이 없다면 세상이 어떻게 될까요? 힘이 셀수록 멋대로 행동하는 자유를 누리고, 힘없는 사람은 아무것도 못 하고 덜덜 떨며 눈치만 봐야 하는 끔찍한 세상이 될 거예요.

이러한 규칙에는 법 말고도 여러 가지가 있어요. 관습, 종교, 도덕도 할 수 있는 일, 할 수 없는 일, 해야 하는 일을 정하고 있지요. 하지만 이것들은 법보다 민주적일 수는 없어요. 왜냐하면 이러한 규칙을 지키는 과정에서 불평등한 관계가 발생하기 때문이지요.

'관습'이란 공동체에서 오랫동안 전해 내려온 규칙이에요. 구성원들이 합의한 것이 아니라 '옛날부터 그랬다', '원래부터 그런 거다'라는 식으로 정해진 것이죠. 예를 들어 우리나라의 제사는 관습이에요. 제사를 지내겠다고 모든 사람이 합의한 건 아니니까요. 그러다 보니 나이와 경험이 많은 사람과 젊고 경험 적은 사람 사이에 불평등이 생길 수밖에 없어요.

또 '종교'에서도 당연히 성직자와 일반인 사이에 차이가 있을 수밖에 없지요. '도덕'도 마찬가지고요. 도덕은 각자 자기가 생각하는 양심을 따르기 때문에 개인마다 생각이 다를 수 있어요.

관습, 종교, 도덕은 모두 시키는 사람과 따르는 사람이 구별되어요. 왕과 백성의 구별이 바로 이런 것이죠. 역사에서 왕권은 대부분 관습적이거나 종교적(중세 유럽)이거나 도덕적(조선)이었어요.

하지만 그 규칙이 법이라면 어떨까요? 법은 시민 다수가 합의한 약속이며 국가의 힘, 즉 공권력을 통해 강제되는 규칙이에요. 법을 만드는 과정에서 평등(합의 과정에서 똑같이 1표를 행사)했다면, 이 약속을 지켜야 할 의무 역시 모두에게 똑같이 주어져요. 누구에게 더 강하게 적용되고 누군 예외로 하고, 이렇게 되는 순간 합의가 지켜질 수 없으니까요.

친구들 간의 약속을 생각해 보세요. 누구는 꼭 지켜야 하고, 다른 누구는 좀 덜 지켜도 되는 약속을 과연 약속이라고 할 수 있을까요? 이런 약속이 과연 지켜질까요?

따라서 민주주의는 공동체 구성원이 지켜야 할 규칙을 공동체가 합의한 약속인 '법'으로 규정해요. 다만 법을 만들 권리와 법을 지킬 의무가 모두에게 동등하게 주어지는 것을 전제로 하고 말이죠. 이것이 바로 법 앞의 평등이에요.

　민주주의의 가장 중요한 원리가 '평등'이라는 것은 모두 알고 있을 거예요. 그런데 민주주의에서 말하는 평등은, 부자도 가난한 사람도 없이 모두 똑같이 사는 것이 아니라 바로 '법 앞의 평등'을 말하는 거예요.

법을 지키는 마음

민주주의는 다른 정치체제에 비해 훨씬 자유로워요. 그래서 흔히 민주주의 국가라면 법을 느슨하게 지켜도 된다고 생각하기 쉽지만 그건 착각이에요. 오히려 민주주의 국가일수록 '준법정신'이 더 중요해요. 준법은 법을 지키는 걸 말해요.

페리클레스는 민주주의에서 준법의 중요성을 강조했어요.

"우리는 공적 업무에서는 법을 준수합니다. 법은 깊이 존중되어야 하기 때문입니다. 우리 스스로 권위 있는 자리에 앉힌 사람이라면, 우리는 그에게 복종합니다. 법 그 자체, 특히 억압받는 자를 보호하기 위한 법을 준수합니다. 불문율에도 순순히 복종하며 위반하면 이를 부끄럽게 생각합니다."

이 말은 비록 한 문단이지만 굉장히 중요한 뜻을 많이 품고 있어요. 우선 무조건 법을 준수한다고 하지 않고 '공적' 업무에서 법을 준수한다고 했어요. 법은 사생활까지 규정하지 않거든요. 다른 사람이나 사회에 영향을 주지 않는 개인 생활은 법의 영역이 아니에요. 내가 빨간색의 옷을 입던, 어떤 노래를 듣던, 어떤 친구를 사귀건 법과는 상관없지요.

그런데 법은 그 자체로는 살아 있는 존재가 아니에요. 그저 종이에 적혀 있는 문장일 뿐이죠. 결국 법을 지킨다는 것은 법을 집행하는 공무원이나 경찰관 같은 사람의 명령이나 지시에 복종한다는 뜻이에요. "당신이 뭔데 나한테 이래라저래라 하느냐?" 하고 따지지 않는 거죠.

그들에게 복종하는 이유는 그 사람의 힘이 세거나 처벌이 두려워서가 아니라, 명령하거나 지시할 권한을 바로 우리가 준 것이기 때문이에요. 그래서 '우리 스스로 권위 있는 자리에 앉힌 사람들'이라고 말하는 것이지요. 우리가 그들에게 명령하거나 지시하라고 명령한 것이고, 그들의 명령이나 지시에 복종하는 것은 사실상 우리가 명령하고 우리가 복종하는 거예요.

비유하자면, 민주주의의 국민은 왕이면서 동시에 백성이고, 명령하는 사람이자 동시에 복종하는 사람이에요. 법을 만드는 과정에서는 다스리는 사람이지만 만들어진 법을 따를 때는 복종하는 사람이니까요.

그런데도 법을 위반한다면 이것은 자기가 내린 명령을 자기 스스로 어기는 꼴이에요. 자기가 한 말을 지키지 못하는 사람

은 어디에서도 존중받지 못해요. 처벌도 처벌이지만 그 꼴이 얼마나 우스운가요? 그래서 민주주의 국가에서는 법을 어겼을 때 부끄럽게 여기는 거죠. 처벌이 두려워서가 아니라 내가 한 약속이기 때문에, 내가 주인인 공동체를 위한 것이기 때문이지요. 법을 지키는 준법정신이야말로 민주주의의 가장 중요한 특징이자 장점이에요.

공적인 자유와 사적인 자유

민주주의라고 하면 제일 먼저 자유와 평등을 떠올려요. 그렇다면 자유는 어디에 있을까요?

페리클레스가 자유에 대해 한 말을 살펴볼까요?

"우리의 정치 생활이 자유롭고 개방적인 것만큼, 일상생활 역시 그러합니다. 이웃이 자신의 방식대로 삶을 즐긴다면 그것에 간섭하지 않습니다. 실질적인 위해를 가하지 않는 것은 물론, 감정을 상하게 할 험악한 표정조차 짓지 않습니다. 우리는 사생활에서는 자유롭고 관용적입니다."

여기에는 두 종류의 자유가 등장해요. 정치 생활의 자유와 일상생활의 자유. 이것을 어려운 말로, '공적인 자유'와 '사적인 자유'라고 해요.

이 중 공적인 자유는 적극적인 자유예요. '내가 ~을 할 수 있는' 자유입니다. 고대 아테네는 오늘날의 국회 같은 것이 없고, 모든 시민이 직접 정치에 참여하는 직접 민주주의를 실시했어요. 그래서 모든 시민이 국회의원이자 재판관이었죠. 물론 전체 인구가 30만 명 정도여서 가능한 일이었어요. 여기서 노예와 여성까지 빠지면 실제 시민은 10만 명도 안 되었겠지요. 그럼에도 대단한 일이기는 해요.

어쨌든 아테네의 시민권자들은 나라의 중요한 정책을 결정할 때 회의에 참석해 적극적으로 자신의 주장을 펼치거나 정책을 제안하고 표결에 참여할 자유를 가지고 있었어요. 어떤 주장이나 정책이라도 투표로 결정하면 되는 거죠.

이때 필요한 것이 바로 '개방성'이에요. 어떤 주장이나 제안을 하기도 전에 '이런 정책을 말하면 다들 어떻게 생각할까?' 하고 미리 걱정이나 두려움을 느끼지 않아도 된다는 거죠. 또 자신의 생각과 다른 주장이나 제안을 듣더라도 '흠, 저렇게 생각할 수도 있네. 하지만 나는 생각이 다르니 반대해야겠어.' 이렇게 생각할 뿐이지 '감히 저런 말을 하다니, 건방진데?' 하고 받아들이지는 않는다는 거죠. 이것이 바로 개방성이에요.

또 어떤 주장이나 제안을 했다고 처벌받거나 보복당한다면 사람들은 솔직한 주장이나 제안을 하는 대신 다른 사람들이 듣기 좋아하는 말만 하겠지요? 이런 나라에서는 아무리 다수결이 이루어진다 해도 민주주의라고 말하기는 어려울 거예요.

반면 사생활의 자유는 소극적인 자유를 말해요. 소극적 자유는 '간섭 받지 않을 자유'지요. 다른 사람이나 나라에 영향을 주지 않는 개인과 가족의 생활, 혹은 개인적인 취향에 대해 누구도 이러쿵저러쿵하거나 간섭할 수 없다는 것이 바로 소극적인 자유예요.

가령 어떤 차를 타든, 어떤 취미를 가지든 이것에 대해 국가는 물론 다른 사람에게 어떤 말을 들을 이유가 없어요. 페리클레스는 여기서 한 발 더 나아가, 말을 안 하는 것뿐만 아니라 싫어하는 티조차 내지 않아야 한다고 말하고 있어요.

이렇게 다른 사람의 사생활과 취향을 '그건 저 사람의 자유'라고 받아들이는 태도를 '관용'이라고 해요. 적극적인 자유가 자기 주장을 사회에 반영하고자 노력하는 것이라면, 소극적인 자유는 서로의 사생활과 취향에 관심을 두지 않는 거예요. 신체의 자유, 사상의 자유, 양심의 자유, 표현의 자유, 재산의 자유 같은 것이지요.

그런데 적극적 자유와 소극적 자유의 의미를 잘못 이해하는 경우가 많아요. '민주주의니까 내 마음대로 하겠어.' 이런 생각이죠. 하지만 적극적 자유라면 자신의 의견이 다수결로 거부당하더라도 받아들여야 해요. 소극적 자유라면 다른 사람의 사생활이나 취향에 간섭할 수 있는 자유 따위는 없어요. 자유에도 한계가 있거든요.

'무조건 똑같이'가 아니라, 기회의 평등

자유와 마찬가지로 평등도 자주 오해를 받아요. 평등은 모든 사람이 재산을 똑같이 나눠 가진다거나, 사회적 지위를 똑

<u>같이 누리는 것이 아니에요.</u> 만약 그런 세상이 된다면 누가 열심히 일하고 힘들게 공부하겠어요?

또 보상을 많이 받는 사람이 신분이나 출신에 따라 이미 정해져 있다면, 아무 의욕도 생기지 않겠지요.

민주주의에도 불평등이 있을 수 있어요. 하지만 그 불평등은 다음과 같은 경우예요.

첫째, 많이 노력하거나 능력이 뛰어난 사람은 다른 사람보다 더 많은 보상(수입이나 지위)을 받을 수 있어요. 하지만 그럴 수 있는 기회는 모두에게 똑같이 주어져요. 출신, 신분, 성별, 종교, 인종 등의 이유로 기회가 막힌다면 이 불평등은 정당화될 수 없고, 그런 나라는 민주주의가 아니지요.

둘째, 외진 곳에 살거나 가난하거나 장애를 가진 사람을 위한 제도가 있어요. 아무리 기회가 평등해도 가난한 집에서 태어난 어린이가 부잣집에 태어난 어린이와 공정한 경쟁을 하기는 힘들지요. 집에서 아무 걱정 없이 공부만 하는 아이와 집에서 병든 할머니와 동생까지 돌봐야 하는 아이가 공정한 경쟁을 할 수는 없으니까요. 그래서 민주주의 국가에서는 '태어날 때의 차이'가 '재능과 노력'을 가리지 않도록, 가난하고 취약한 계층의 아이들에게 특별한 배려와 지원을 해 주는 거예요.

셋째, 사회를 위해 특별히 더 중요하거나, 혹은 더 어렵거나 위험한 일을 하는 사람에게는 더 많은 보상을 줘요. 우수한 사람들이 이런 일을 담당한다면 국가 전체와 특히 가난한 사람들에게 도움이 될 수 있으니까요.

물론 민주주의 국가라고 해도 모든 불평등을 해결할 수는 없어요. 하지만 민주주의의 가장 중요한 특징은 불평등을 없애기 위해 사회 전체가 계속 노력한다는 거예요.

그런 의미에서 다른 사람보다 많은 혜택을 누리는 사람이라면 겸손이 필요해요. 남들보다 잘 산다거나 혹은 좀 더 존중받는 지위를 가진 사람은 자신이 훌륭해서가 아니라 그만큼 공동체나 공동체의 어려운 사람들을 위해 더 봉사하라는 의미로 받아들여야 하는 거예요. 자신이 가진 혜택이나 지위는 자신이 얻었다기보다는 공동체에서 부여한 것이기 때문이지요.

마찬가지로 가난한 사람들도 모든 것을 그저 운명으로 받아들이고 체념할 것이 아니라, 공동체를 위해 더 중요한 역할을 담당하기 위해 의욕을 가져야 해요. 민주주의에서는 가난을 벗어나려는 노력이 단지 개인의 일이 아니기 때문이에요.

그래서 페리클레스는 이렇게 말했어요. 꼭 마음에 새겨둘 만한 말이에요.

"부자는 부를 자랑하지 않고 단지 그것을 활동의 적절한 바탕으로 삼습니다. 가난한 사람은 가난한 것을 부끄러워하지 않습니다. 단지 부끄러워해야 할 것은 그것을 이겨내는 노력을 게을리하는 것입니다."

관심을 가지고 알고자 하는 마음

민주주의는 평범한 사람이나 많이 배운 사람이나 똑같은 발언권과 참정권을 가지고 있어요. 아무래도 보통 사람의 수가 더 많기 때문에 결과적으로 다수의 뜻, 즉 '다수결'로 의사결정이 하게 되지요. 문제는 다수가 반드시 올바른 것은 아니라는 거예요.

가령 담임 선생님이 반 아이들에게 "오늘 공부할까요, 아니면 게임 할까요? 다수결로 정합시다."라고 묻고, 아이들이 모두 게임을 하자고 답했어요. 선생님은 다수의 뜻에 따라 수업을 하지 않고 게임을 했다면 과연 올바른 결정일까요?

또 다수결에 따라 많은 사람이 "고구려가 삼국을 통일했다."고 정하면 교과서를 무시하고 삼국 통일을 한 나라는 고구려가 되는 것일까요? 당연히 이래서는 안 되겠죠. 따라서 민주주의가 제대로 작동하려면 무조건 다수가 옳다는 식으로 흘러가면 안 되어요.

앞에서 말한 것처럼, 무언가의 주인이 되려면 그것을 잘 알아야 하고 아끼는 마음이 있어야 해요. 민주주의가 제대로 작동하려면 결정하려는 사안에 대해 잘 아는 사람이 많아야 하죠. 그런데 무엇을 잘 알려면 어떻게 해야 할까요?

공부를 생각해 보세요. 시험을 앞두고 벼락치기로 공부하는 것과 평소에 관심을 가지고 꾸준히 공부하는 것 중 어느 쪽이 더 좋은 점수를 받을까요? 민주주의도 마찬가지예요. 평소에 자신이 속한 사회, 나라의 일에 관심을 가지고 공부하면서 의사결정에 참여해 보는 것이 중요해요. 어쩌다 한번 관심을 가

지거나 투표 한 번 하고 할 일을 다했다고 말할 수는 없지요.

페리클레스는 아테네 민주주의에 대해 이렇게 말했어요.

"각 개인은 자기의 일만이 아니라 폴리스(국가)의 일에도 관심을 갖습니다. 우리는 정치에 무관심한 사람을 그저 자기 일에만 신경 쓰는 사람이라고 하지 않고, 오히려 아테네와 아무 상관 없는 사람이라고 말합니다."

자기 일에 몰두하느라 정치에 관심 둘 시간이 없다고 말하는 사람에게 "그렇다면 너는 우리나라 사람이 아니다."라고 말하는 거지요.

토론으로 결정하기

공동체의 일에 관심을 가지고 참여한다는 것은 그저 많이 모여서 다수의 힘으로 윽박지르는 것이 아니에요. 그것은 공동체에 대해, 또 공동체가 당면한 문제에 대해 충분히 고민하고 올바른 선택을 하는 것을 말해요. 따라서 모이자마자 덮어놓고 투표하는 다수결은 민주주의라고 할 수 없어요.

민주주의가 이루어지는 나라에서는 개개인의 다양성을 인정해요. 사람들은 모두 생각이 다르고, 취향도 다르고, 또 가지고 있는 정보와 지식도 달라요. 배운다는 것은 바로 이 다양한 취향, 지식, 정보를 공유하는 거예요. 그리고 사람의 머리는 지식과 정보를 컴퓨터처럼 업로드, 다운로드할 수 없기 때문에, 말과 글이라는 형태로 표현해야 합니다.

이렇게 말하고 듣는 과정에서 서로 다른 지식과 정보를 확인하고, 자신이 알고 있는 지식과 정보가 올바른 것인지 점검할 수 있지요. 서로 다른 생각을 충분히 교환하고 나면 사람들은 원래 가지고 있던 생각이 더 단단해질 수도 있고, 다르게 바뀔 수도 있고, 완전히 새로운 생각이 떠오를 수도 있어요.

이 과정이 바로 '토론'이에요. 토론이야말로 민주주의의 핵심 과정이지요. 민주주의에서 정치는 다수가 소수를 억지로 밀어붙이는 것이 아니라 서로 자신의 주장을 펼치고 토론하는 과정에서 다수를 설득하는 거예요. 다수가 자신들의 주장을 강요하고 빠르게 결정하는 것은 민주주의가 아니라 다수의 독재예요. 독재는 권력자의 수가 적다는 뜻이 아니라 권력자가 자신을 반

대하는 사람들을 설득하지 않고, 그들이 올바른 주장을 할 때 받아들일 준비가 되어 있지 않은, 그런 정치를 말해요.

그래서 페리클레스는 토론 없는 성급한 결정이야말로 가장 나쁜 정치라고 말했어요.

"우리는 정책에 대한 결정을 우리 스스로 내리거나 토론에 부칩니다. 가장 나쁜 것은, 결과에 대해 충분히 토론하지 않고 행동에 뛰어드는 것입니다."

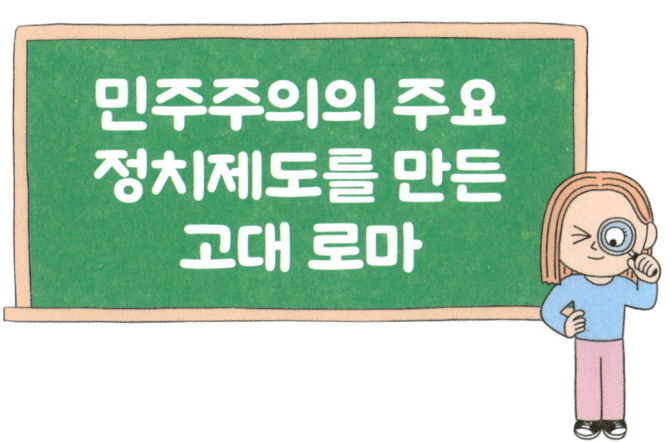

민주주의의 주요 정치제도를 만든 고대 로마

　민주주의의 기원이 되는 또 다른 고대 국가는 바로 로마예요. 로마는 지금의 이탈리아에 있던 아주 오래된 나라예요.
　고대 아테네가 민주주의를 만들었다면 고대 로마는 공화국을 만들었고, 고대 아테네가 민주주의의 정신과 가치를 만들었다면 고대 로마는 오늘날까지 사용되는 민주주의의 주요 정치제도를 만들었지요.

국가는 공동의 재산

민주주의의 어원이 '다수(인민)의 통치'라면 공화국의 어원은 '공동의 재산'이에요. 나라가 어떤 개인이나, 특정한 신분의 것이 아니라 모두의 것이라는 의미예요. 아테네의 민주주의보다 오늘날 민주주의에 더 가까운 표현이지요. 물론 로마 역시 아테네와 마찬가지로 노예제도가 있었고, 여성은 정치에 참여할 수 없다는 한계가 있기는 했어요.

로마의 공화정은 그냥 얻은 것이 아니라 피 흘려 싸워 쟁취한 거예요. 고대 로마는 다른 나라와 마찬가지로 왕이 다스리고 있었어요. 왕이 다스리는 나라를 '군주정'이라고 해요. 물론 모든 왕이 다 나쁘거나 폭군은 아니지요. 때로는 아주 훌륭한 왕이 통치해 민주주의 국가보다 더 훌륭한 나라가 될 수도 있어요. 하지만 이것은 순전히 왕 한 사람 마음에 달렸다는 것이 문제예요. 아주 훌륭하던 왕이 갑자기 "나 비뚤어질 테다!" 하고 폭군이 되더라도 어쩔 방법이 없는 것이 '군주정'이지요.

로마 역시 7대 왕이자 폭군이었던 타르퀴니우스 때문에 고통을 받았어요. 그러자 브루투스가 앞장서 폭군과 맞서 싸웠고, 마침내 폭군을 몰아냈지요. 타르퀴니우스를 몰아낸 뒤 로마 시민들은 훌륭한 사람을 새 왕으로 앉히는 것은 의미가 없다고 판단했어요. 그래서 1년이라는 짧은 임기 동안만 통치하고 임기가 끝나면 물러나는 '최고 행정관(집정관)'을 선출했어요. 그리고 집정관은 자기 마음대로 통치하는 것이 아니라 법에 따라 통치하는 제도를 만들었지요.

이 제도를 만드는 과정에서 귀족(넓은 땅을 물려받아 노예를 사서 경작하는 가문)과 평민(가족끼리 먹고살 정도의 땅을 가진 농부)이 서로의 입장을 양보했어요. 그래서 최고 행정관은 평민들의 모임인 '민회'에서 선출하고, 대신 귀족의 대표가 오늘날 국회에 해당하는 '원로원'을 구성하기로 한 거예요. 다수가 소수를 지배하거나 소수가 다수를 지배하는 것이 아닌, 모두가 모두를 지배하고 복종하는 공화국은 이렇게 만들어졌어요.

권리가 있는 만큼 책임도 지는 것

로마공화국은 정치적인 권리를 누리는 시민에게 국방과 납

세의 의무를 지도록 했어요. 시민으로서 권리를 누리는 만큼 공화국을 지키는 일에도 책임을 져야 한다는 거죠. 자기 땅을 가지고 최고 행정관을 선출할 권리를 가진 시민은 모두 군인으로서 책임을 다해야 했어요.

권리를 많이 누릴수록 책임도 더 많이 졌지요. 로마 군인은 각종 무기와 장비를 자기 돈으로 마련해야 했기 때문에 각자 형편에 맞는 부대에 배치되었어요. 가난한 사람은 가벼운 무장만 하는 경보병에, 중산층은 무거운 갑옷과 무기를 장만해야 하는 중장 보병에 배치되었지요. 부유한 사람들은 자기 말을 살 수 있는 능력이 있기 때문에 기사가 되었고요.

권력은 서로 나누어서 견제

로마공화국은 특정한 개인이나 집단이 권력을 독점하는 것을 싫어했기 때문에 독재자가 나오지 않도록 여러 가지 제도를 만들었어요. 권력이 한곳에 집중되지 않게 여러 부분으로 나누어 서로 견제하도록 한 거예요. 오늘날 민주주의의 중요한 원칙인 '권력분립'이 이미 고대 로마공화국에서는 이루어지고 있었지요.

국가 원수의 역할을 하는 집정관은 한 명이 아니라 두 명을 뽑았어요. 두 집정관의 지위는 같기 때문에, 오늘날 미국의 대통령, 부통령과는 달라요. 집정관은 어떤 일을 진행하려면 귀족과 국가 유력자들의 대표 회의인 원로원에 출석해 토론하고 승인을 받아야 했어요. 평민들은 집정관을 선출하는 것으로 끝이 아니라 그들 나름의 대표자인 '호민관'을 선출했어요. 호민관은 평민의 입장에서 집정관이나 원로원의 결정을 거부할 수 있고, 또 새로운 법률안도 제출할 수 있었어요.

법이 통치하는 나라

로마공화국의 가장 놀라운 점은 '법전'을 가지고 있었다는 거예요. 아테네 사람들이 나라의 중요한 일을 토론으로 결정했다면, 로마 사람들은 토론의 결과를 반드시 '문서'로 만들어 보관했어요. 이렇게 해두면 비슷한 일이 또 생겼을 때 다시 토론

할 필요 없이 바로 결정할 수 있으니까요. 토론 결과가 문서로 쌓이면 법이 되는 거지요.

나라가 특정한 누구의 것이 아니라 공동의 것이라는 건, 누구나 법에 복종해야 한다는 말과 같아요. 로마공화국의 최초 집정관이었던 브루투스는 그의 아들 둘이 사형에 해당하는 죄를 짓자, 심지어 시민들이 용서해 주겠다고 했음에도 불구하고

법전

기어코 사형을 집행했어요. 첫 단추부터 제대로 끼워야 했기 때문이지요.

로마는 나라의 규모가 커지면서 처리해야 할 일도 많아지고, 그만큼 법의 내용도 많아지고 복잡해졌어요. 이에 따라 법을 찾고 적용하는 전문가들이 등장했는데, 바로 변호사예요. 놀랍게도 로마에서는 2천 년도 훨씬 전에 이미 직업 변호사들이 활약했어요. 키케로, 카이사르 같은 유명한 정치가들도 처음에는 변호사에서 시작했어요.

민주주의가 가진 문제점

　민주주의는 완벽한 제도가 아니에요. 그랬다면 아테네가 망하지 않고, 로마가 공화국에서 '제국'으로 바뀌지도 않았겠죠. '제국'은 황제가 다스리는 나라예요. 민주주의는 시민의 행동과 태도에 따라 전혀 다른 결과를 가져올 수 있어요. 민주주의 사회는 '민주 시민'이 필요해요. 시민이 민주주의를 누릴 자격이 없다면 민주주의는 몰락할 수밖에 없어요.

다수결의 문제점

다수가 반드시 올바른 결정을 하는 것은 아니에요. 더구나 나라의 규모가 커지고 결정해야 하는 일이 늘어날수록 더욱 그렇게 되지요. 따라서 민주주의는 무조건 다수결로 정하기 전에 충분한 '토론'이 필요해요. 이 과정을 거치지 않고 무조건 다수결로만 결정한다면 소수는 항상 소외되고 말 거예요. 이것은 '다수의 독재'이지 민주주의가 아니에요. 정치가들은 반대하는 시민을 설득하는 대신, 다수가 옳다고 생각하는 것을 지지하면서 인기를 끌려고 할 수도 있어요.

고대 아테네에서도 연설이나 토론으로 서로를 이해하고 설득하는 것보다 말을 화려하게 잘하는 사람들이 늘어났어요. 진지한 토론 대신 말재주로 사람들의 지지를 얻으려고 한 거지요. 이렇게 되면 올바른 주장을 하는 사람보다 말재주가 뛰어나고 인기가 많은 사람의 생각대로 나라의 중요한 일이 결정되기 쉬워요.

빈부의 차이

고대 그리스의 철학자 아리스토텔레스는 가난한 사람과 부자의 차이가 점점 커지는 것을 걱정했어요. 아리스토텔레스가 보기에 민주주의는 중산층(중간계급)이 많을 때 가장 안정적으로 운영되는 정치였거든요.

빈부의 차가 커지면 어떤 문제가 생길까요? 많이 가진 사람들의 영향력이 커져요. 부자뿐 아니라 인기나 명성 등 영향력이 큰 소수가 등장할 때도 마찬가지예요. 그러면 소수의 강력한 사람과 다수의 추종자로 나뉘게 되어요.

그러면 소수는 특권층이 되어 권력을 독점하고 다수의 추종자는 자신이 추종하는 사람의 말을 무조건 따르게 되지요.

이렇게 되면 결국 민주주의는 소수의 사람 혹은 그중에서 가장 영향력 있는 사람이 권력을 독점하는 '귀족정'이나 '독재정'으로 타락하게 되어요.

커지는 나라의 규모

아테네와 로마는 나라의 규모가 커지면서 민주주의를 운영하는 데 많은 어려움을 겪었어요.

아테네의 규모는 점점 커졌는데도 시민은 반드시 아테네 출신인 경우에만 가능한 것으로 막았어요. 결국 아테네는 안에서는 민주주의였지만 밖으로는 다른 도시에 군림하는 제국주의 국가가 되었죠. 아테네는 다른 도시들의 공격을 받아 멸망하고 말았어요.

반면에 로마는 나라의 규모가 커지자, 시민의 범위도 넓혔어요. 유럽, 아시아, 아프리카에 걸치는 거대한 나라가 되면서 폭넓게 시민권을 개방했지요. 하지만 이렇게 넓은 영토에서 수많은 사람들이 모여 토론하고 표결할 방법은 찾지 못했어요. 오

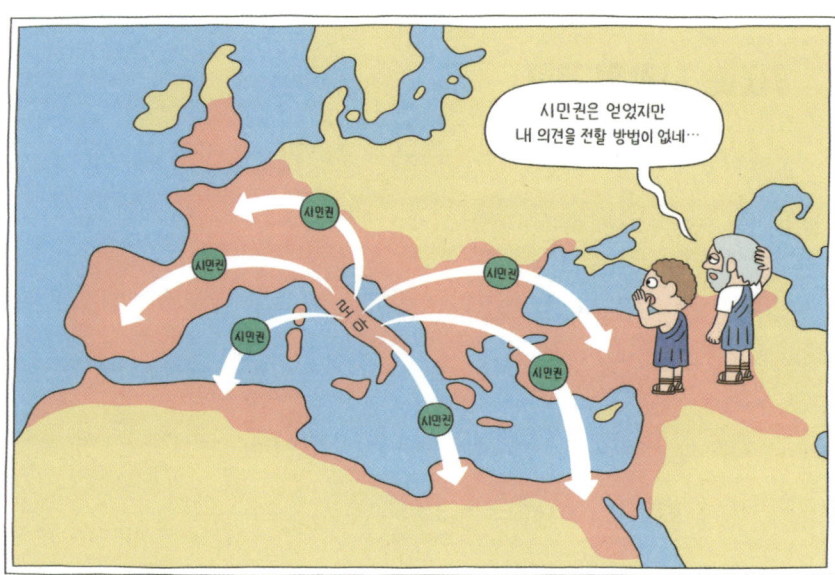

늘날처럼 인터넷이 있었다면 가능했겠지만요. 아니면 각 지역의 대표를 선출하는 방식을 사용했다면 영토가 넓고 인구가 많아도 민주주의를 운영할 수 있었을 거예요. 하지만 이런 제도는 만들지 못했어요.

결국 로마 역시 공화국에서 제국으로 바뀌고 말았지요. 로마가 제국이 되면서 고대 민주주의는 막을 내렸어요. 민주주의가 다시 등장한 것은 1200년이나 지난 18세기 시민혁명 때였어요. 그리고 오늘날 우리나라의 민주주의는 고대 그리스나 로마가 아니라 시민혁명 이후 등장한 근대 민주주의와 직접 연결되어요.

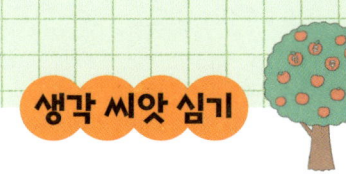

생각 씨앗 심기

1. 부자나 가난한 사람이나, 권력을 가진 사람이나 없는 사람이나 모든 사람이 왜 법 앞에서 평등해야 할까요?

2. 민주주의에서는 왜 법을 꼭 지켜야 할까요?

3. 민주주의의 원칙인 다수결로 정했는데도 잘못된 결정이 될 수 있을까요?

4. 자신의 의견을 자유롭게 말할 수 있는 분위기는 왜 중요할까요?

   ....
   ....
   ....
   ....

5. 민주주의를 지키기 위해 내가 할 수 있는 일은 무엇이 있을까요?

   ....
   ....
   ....
   ....

 3장

민주주의란 무엇일까?

민주주의란 무엇일까요?

이 질문에 딱 부러지게 대답하기는 어려워요. 당장 고대 아테네에서도 '다수에게서 권력이 나오는 정치'라고 말은 했지만, 그 뒤로 많은 조건이 주렁주렁 달려 있었거든요.

고대 아테네보다 훨씬 규모가 크고 복잡해진 오늘날에는 '민주주의란 이것입니다'라고 단언하기가 훨씬 어렵지요. 그래도 민주주의라고 불리기 위해 갖추어야 할 최소한의 조건은 있어요. 물론, 이런 것도 갖추지 않고는 민주주의라고 말할 수 없다는 것이지, 이것만 갖추면 다 민주주의라는 뜻은 아니에요.

정치적 평등의 원리

민주주의의 가장 중요한 원칙은 '평등'이에요. 하지만 평등의 범위는 너무 넓어요. 그래서 적어도 '정치적으로는 평등'해야 한다는 것을 최소한의 원칙으로 삼고 있어요. 그렇다면 정치적 평등은 어떻게 이루어질까요?

첫째 국가, 국회, 정당과 같은 정치의 무대가 되는 집단이 외부에 영향을 받지 않는 독립성이 지켜져야 해요.

둘째, 이 집단에 속해 있는 한 사람, 한 사람은 모두 스스로를 다스릴 수 있는 자격이 평등하게 주어져야 해요. 어떤 사람도 다른 사람을 지배할 수 없고, 또 다스림을 받지 않아야 하지요.

셋째, 집단 구성원 중 누구도 전체를 지배할 수 있을 정도의 엄청나게 탁월한 능력을 가졌다고 인정되지 않아야 해요. 물론 구성원 개개인 간의 능력 차이는 있을 거예요. 하지만 그 차이는 다른 사람이 누리지 못하는 권리를 누릴 정도로 크지 않아요.

바로 이 때문에 민주주의는 모든 국민이 1인 1표를 가지는 '보통선거'의 역사를 가지고 있어요. 투표권이 재산과 비례했던 시민혁명 초기나, 여성의 투표권을 인정하지 않았던 시대는 두 번째 원리를 위반한 것이죠. 또 민주주의라는 이름을 쓰고 있으면서도 특정 통치자의 탁월함을 국민 위에 두는 북한이나 중국 같은 나라는 세 번째 원리를 위반한 거예요.

개인적 자율의 원리

평등의 원리를 세웠다면 다음은 '자유'입니다. 평등하게 정치에 참여할 권리가 주어졌다 하더라도, 그 권리를 스스로 행사할 수 없다면 의미가 없어요. 외부의 방해나 압력이 없어야 할 뿐 아니라 개인 스스로 가장 좋은 선택을 할 수 있는 준비가 되어 있어야 해요. 그래서 '자유'가 아니라 '자율'인 거예요.

민주주의는 많은 사람이 각각 자기주장을 하는 가운데 누군가의 주장을 우선하지 않고 동등한 자격으로 합의를 만들어 가는 과정이에요. 그리고 이때는 반드시 자신의 생각을 주장해

여자도 남자도 할머니도 할아버지도 만 18세 이상이면
1인 1표

야 해요. 만약 다른 사람의 이익이나 주장을 대신 말한다면, 자유가 없는 것이기 때문에 민주주의의 가장 중요한 원칙을 위반한 것이 되지요. 또 이것은 평등의 원칙도 위반한 것이에요. 누군가에게 자기 이익이나 주장을 강요할 수 있는 사람이 있다면 이미 그 사람은 다른 사람과 평등하지 않으니까요.

민주적 과정의 원리

절대적 평등의 원리와 개인적 자율의 원리가 선언만으로 이루어지지는 않아요. 이 원리가 제대로 실현될 수 있는 '제도'와 '절차'가 있어야 하지요. 이러한 제도와 절차를 '민주적 과정'이라고 해요.

또 민주적 절차와 제도만 갖추고 있다고 해서 민주주의는 아니에요. 하지만 이것이 없다면 민주주의는 단지 주장일 뿐이지요. 절대적 평등의 원리와 개인적 자율의 원리가 민주주의가 성립하는 전제 조건이라면, 민주적 과정의 원리는 민주주의의 조건이 갖추어진 다음 그것을 실천하는 원리입니다.

그렇다면 민주적 제도와 절차는 어떻게 확인할 수 있을까요? 일반적으로 다음과 같은 다섯 가지 기준이 있어요.

첫째, 포괄성이에요.

시민(국민)의 범위가 최대한 넓어야 한다는 말이죠. 가능하면 모든 성인이 다 포함되어야 해요. 근대 민주주의의 역사는 시민의 범위에서 빠져 있는 사람들이 참정권을 얻는 과정이었어요. 재산이 없어도 포함되어야 하고, 여성도 포함되어야 하지요. 또 성인으로 인정받는 나이도 점점 낮아지고 있어요.

둘째, 효과적 참여예요.

시민들은 정치적 결정이 만들어지는 과정에서 자신들의 생각을 표현할 기회를 가져야 해요. 누구나 자기 생각을 표현할 수 있어야 포괄적인 참여의 의미가 있으니까요. 또 주장을 할 때 어떤 제한이나 차별을 받아서는 안 되어요.

셋째, 투표의 평등이에요

모든 시민은 공동체의 결정에 똑같은 의결권을 가지고 참여할 수 있어야 해요.

넷째, 계몽된 이해예요.

쉽게 말해서 뭔지 모르고 투표하게 하지 말라는 뜻이에요. 시민은 결정해야 할 문제들이 뭔지 그리고 자신의 이익이 보장되는 선택이 무엇인지 알아야 해요. 최근 들어 SNS의 영향력이 커지면서 가장 심각하게 위협받는 원리이지요.

다섯째, 시민의 의제 결정이에요.

시민은 민주적 과정을 통해 결정할 문제를 선정하는 기회를 가져야 해요. 평소 별 관심 없던 주제에 대해 덮어놓고 "자, 찬성이야 반대야?"라고 묻는 투표를 해서는 안 된다는 거죠. 의제가 무엇인지도 시민이 결정해야 한다는 말이에요. 그렇지 않으면 기권하거나 아예 투표에 참여하지 않는 정치 무관심이 늘어날 수 있어요.

대의제와 다두제는 무엇일까?

아테네는 인구 30만 명 정도의 작은 나라였어요. 로마 역시 도시국가이던 시절에는 공화국이었지만 나라의 규모가 커진 다음에는 제국이 되었지요. 나라의 규모가 커지고 시민이 늘어나면 토론과 투표를 통해 나라의 중요한 일을 결정하는 정치가 불가능해져요.

많아야 10만 명 정도의 시민이 20~30킬로미터 정도를 이동해서 모이는 것은 어떻게든 가능합니다. 하지만 수백만 명의 시민들이 수백 킬로미터를 이동해서 모여 토론하고 표결하는 것은 불가능하지요. 그래서 민주주의는 한동안 역사에서 사라졌어요. 그랬던 민주주의가 다시 등장하게 된 계기는 바로 '대의제'라고 하는 제도 덕분이에요.

국민의 대표를 뽑아 일하게 하는 대의제

대의제는 시민이 자신을 대신하는 대표자를 선출하고, 이들이 나라의 여러 가지 일을 결정하는 제도예요. 영국의 철학자 밀은 이 제도를 규모가 큰 국가에서 민주주의를 할 수 있게 만든 탁월한 발명이라고 칭찬했어요.

그런데 사실 대의제의 기원은 민주주의가 아니라 '귀족주의'예요. 대표자가 있다는 것 자체가 앞에서 본 민주주의의 원리인 '절대적 평등의 원리'와 '개인적 자율의 원리'를 위반하니까요. 그런데 대의제가 도입됨으로써 오히려 민주주의가 더 넓은 영역으로 확대되었어요.

여기서 중요한 것은 대의제의 대표들이 귀족 행세를 하지 못하게 해야 하는 거예요. 그래서 다음과 같은 방법들이 사용되

지요. 이 방법이 제대로 작용하지 않는다면 국회에서 정치가 이루어진다고 해도 민주주의와는 거리가 멀어요.

첫째, 대표들이 계속 대표로 있지 못하게 임기를 정해요.

둘째, 임기는 가능하면 짧게 해요. 미국은 대통령의 임기는 4년, 하원의원은 2년, 상원의원은 6년이고 우리나라는 대통령은 5년, 국회의원은 4년이에요.

셋째, 대표들의 권한을 나누어요. 가장 대표적인 것이 입법부와 행정부를 나누는 거예요. 입법부는 우리나라의 국회처럼 법을 만드는 기구이고 행정부는 우리나라의 대통령처럼 만들어진 법을 집행하는 기구이지요. 이들은 각각 권력의 한 부분만 가질 수 있어요. 또 상대방이 지나치게 강해지지 않도록 서로 견제하지요.

넷째, 시민이 주기적으로 대표들을 직접 선거로 선출해요. 그중 권력이 가장 강한 대통령은 임기의 최대 기간을 정해 더 이상 계속하지 못하게 하고, 입법부 의원들도 주기적으로 선출해요. 자기를 뽑아준 시민들의 의견을 제대로 대표하지 못하면 언제든지 선거에서 떨어질 수 있도록요. 미국은 대통령을 딱 한

번 더 할 수 있어서 8년이 최대 임기예요. 우리나라는 임기가 5년이고 더 이상 할 수 없어요.

물론 대의제는 모든 시민이 모여서 토론하고 투표하는 민주주의(직접 민주주의)에 비하면 불완전해요. 가장 큰 문제는 시민이 일단 대표를 선출하고 나면 다음 선거가 오기 전까지 정치에 참여할 방법이 많지 않다는 것이지요. 그래서 정부와 시민 사이의 거리가 멀어지고, 정치에 무관심해지기도 해요. 하지만 이런 단점에도 불구하고 대의제는 민주주의를 지키고 확대하는 데 크게 기여했어요.

여러 사람의 의견을 모아 통치하는 다두제

'다두제'는 여러 사람이 함께 나라를 다스리는 방법이에요. 쉽게 말해, 한 명이 모든 결정을 내리는 것이 아니라 여러 사람이 모여서 의견을 나누고 함께 결정하는 거예요. 이렇게 하면 더 많은 사람들의 생각을 반영할 수 있어서 공정하게 나라를 운영할 수 있어요.

미국의 정치학자인 로버트 달은 다두제가 민족국가와 같은 거대한 나라에서 민주주의를 실시하기 위해 필요하다고 말했어요. 다두제에서는 아래와 같은 제도가 필요해요.

① 투표로 뽑은 공직자

정부의 정책을 결정하는 공직자는 오직 시민의 선출을 통해서만 권한을 받아야 해요. 이 과정이 바로 선거이지요. 선거를 통해 권한을 받는 공직자가 얼마나 많으냐가 그 나라 민주주의의 수준이라고도 할 수 있어요. 우리나라는 대통령, 국회의원 그리고 지방자치단체의 장과 지방의원을 선거로 뽑아요. 우리나라도 1987년 이전에는 국회의원만 선거로 뽑았지요. 미국은 판사, 지방 검사, 치안 책임자(보안관)도 선거로 뽑아요.

② 자유롭고 공정한 선거

선거로 공직자를 뽑더라도 선거가 제대로 된 선거가 아니라면 아무 의미가 없어요. 선거는 일정한 기간마다 규칙적으로 이

루어져야 하고, 과정은 공정해야 해요. 특정한 후보가 유리하거나 불리해서는 안 되지요. 또 누구나 자신이 지지하는 후보에게 자유롭게 투표할 수 있어야 해요.

③ 시민이 가진 선거권

공직자를 선출할 권리인 선거권은 원칙적으로 모든 시민에게 있어야 합니다. 물론 모든 시민이 선거권을 가지는 나라는 없어요. 나이 제한이 있으니까요. 그렇다면 적어도 모든 성인에게 선거권이 있어야 해요. 이것을 '보통선거'라고 합니다.

고대 아테네에서는 아테네 출신의 남성만 선거권을 가졌어요. 고대 로마에서는 로마 이외의 도시들도 선거권을 요구했고, 시민의 범위가 점점 넓어져 마침내 거대한 유럽, 아시아, 북아프리카까지 확대되었지요.

근대로 넘어오면서 선거권을 가진 사람들은 점점 늘어났지만 저절로 된 것이 아니라 끈질긴 저항과 싸움을 통해 이루어진 거예요.

④ **공직 출마권**

모든 시민은(적어도 성인은) 선거권뿐 아니라 직접 선거에 나가 공직자로 선출될 수 있는 출마권을 가져야 해요. 특별한 사람, 특별한 신분만 선거에 나갈 수 있는 것이 아니에요. 원칙적 시민은 일정한 나이만 된다면 누구나 출마할 수 있어야 하지요.

⑤ **표현의 자유**

민주주의의 핵심은 '토론'입니다. 충분히 토론하지 않고 무작

정 다수결로 정해 버린다면 대의제는 순식간에 몇몇 대표들이 나라를 움직이는 '귀족정'이 되고 말 거예요. 그런데 토론이 제대로 이루어지려면 누구나 자유롭게 자신의 생각을 표현할 수 있어야 해요. 민주주의에서 주장의 옳고 그름을 정하는 것은 정부가 아니라 시민의 뜻이거든요.

⑥ 다른 정보원을 찾을 권리

아무리 표현의 자유가 보장되고 토론이 이루어진다고 하더

라도 권력을 가진 사람이나 집단이 정보를 막는다면 아무 의미가 없어요. 시민이 정보를 얻을 수 있는 곳이 정부 발표뿐이라면 결국 정부가 모든 권력을 독점한 것이나 다름없으니까요. 따라서 시민은 정부뿐 아니라 다른 정보원을 찾을 권리가 보장되어야 해요.

⑦ 결사의 자유

결사란 '단체를 만들고 활동하는 것'을 말해요. 정부나 공공기관뿐 아니라 다양한 단체를 만들어 활동할 권리가 보장되지 않는다면 시민들이 정부나 공직자를 적절히 견제할 방법이 없거든요. 제대로 일하지 않은 공직자를 다음 선거에서 떨어뜨리려고 해도 쉽지 않아요. 따라서 시민들은 정당뿐 아니라 단체를 만들 권리를 보장받아야 해요.

민주주의가 아닌 정치들

오늘날 민주주의에 대한 정의는 너무나 다양해요. 그래서 '이게 바로 민주주의다!'라고 말하는 사람을 경계해야 해요. 대체로 독재자들은 모두 자기야말로 진정한 민주주의자라고 자화자찬하니까요. 이럴 바에는 차라리 민주주의가 다양하다는 것을 인정하고, 민주주의가 아닌 정치를 분명하게 정하는 편이 나을지도 몰라요.

과거에는 민주주의의 반대가 '공산주의'라고 배웠어요. 하지만 공산주의는 생산과 분배, 즉 경제를 운영하는 방식이지 정치가 아니에요. 그렇다면 민주주의의 반대는 무엇일까요? 민주주의가 하나만 있는 것이 아니듯, 민주주의의 반대도 딱 하나만 있는 건 아니에요. 왕정, 귀족정처럼 전근대적인 정치를 제외하면 대체로 반민주적인 정치는 다음과 같은 것이 있어요.

강력한 지도자에게 집중되는 '권위주의'

오늘날에는 노골적인 왕국이나 독재 국가는 많지 않아요. 그래서 민주주의인지 아닌지 구별하기 어렵지요. 특히 권위주의가 그래요. 권위주의는 제도적으로는 거의 민주주의처럼 보여요. 하지만 실제로는 지도자가 제시하는 생각이나 영향력이 워낙 강해서 시민사회가 자발적으로 따르게 되고, 결과적으로 지도자에게 권력이 집중된 정치체제예요. 지도자의 뜻과 다른 생각이나 주장 자체를 하지 않지요. 형식적인 선거를 통해 대표가 바뀌기는 하지만 그 지도자가 다시 당선되거나 그 지도자의 지지 집단이 계속 당선되기 때문에 사실상 독재와 같아요.

권위주의는 1950년대 신생 독립국가에서 많이 나타났어요.

 이런 나라는 신망이 두터운 독립운동가가 초대 대통령이 되는 경우가 많았어요. 그래서 그의 업적과 명성 때문에 감히 반대나 비판을 하기 어려운 분위기가 만들어지고, 그러다가 지도자가 점점 권력의 맛을 알아가며 독재자로 변할 경우에 만들어져요.
 싱가포르의 리콴유 총리는 건국의 아버지라는 엄청난 권위를 가진 인물이었어요. 싱가포르는 겉보기에는 헌법과 제도가

갖춰진 나라였지만 리콴유의 정당인 인민행동당이 아닌 후보가 국회의원에 당선되기는 매우 어려웠지요. 그래서 리콴유는 무려 31년이나 총리를 지냈어요. 리콴유의 아들인 리센룽도 2024년까지 20년간 총리를 지냈고 지금은 선임장관을 맡고 있어요.

폭력으로 탄압하는 '전체주의'

전체주의는 노골적으로 권력이나 폭력으로 꼼짝 못 하게 만드는 비민주주의를 말해요. 전체주의에서는 현재의 통치자와 그 집단 외에는 정치단체를 허용하지 않아요.

나치당, 공산당 같은 집권당은 나라에서 유일한 통치 집단이고, 여기에 반대하는 세력을 억압하기 위한 기관을 만들어 운영하지요. 최고 권력자의 행동과 선택은 오직 본인만 알고 있으며, 최고 권력자가 되기 위한 절차도 법이나 제도로 정해져 있지 않아요.

전체주의의 권력자는 항상 거창한 이념이나 공동체의 이름으로 자신의 권력을 정당화해요. 찬란한 미래를 위해, 이상적

인 세상을 위해, 민족의 영광을 위해, 적들과 싸워 이기기 위해 같은 것이죠. 당연히 권력자나 그 집단에 대한 비판은 허용되지 않으며, 언론과 표현의 자유도 제한됩니다. 언론, 출판, 방송 등은 정부의 검열을 받아야 하며, 집회와 시위 역시 정부가 허가하지 않으면 할 수 없어요.

전체주의가 권위주의와 구별되는 가장 큰 특징은 권력을 유지하기 위해 잔혹한 폭력을 사용하며, 이 폭력을 담당하는 국가기구가 있다는 거예요. 게다가 탄압은 위대한 공동체의 이름으로 가해지기 때문에 탄압을 받는 사람이 아무리 고통스러워도 다른 사람들은 나라 전체를 위해 어쩔 수 없는 일이라고 생각하지요.

그런데 전체주의는 권위주의보다 시민의 저항도 커요. 그래서 대부분의 전체주의 통치자는 시민의 저항에 쫓겨나거나 권력을 내려놓는 경우가 많아요. 하지만 전체주의가 완전히 사라진 것은 아니에요. 시민들 마음속에 어떤 힘 센 지도자나 집단이 우리를 대신해서 세상을 좋게 만들 거라고 게으르게 생각하는 순간 "내가 바로 그 지도자다!"라고 외치며 등장하는 독재자가 있거든요. 또 시민들 마음속에 국가, 민족처럼 큰 공동체를 위해 개인이나 소수는 희생해도 된다는 생각이 드는 순간 이미 전체주의의 싹이 뿌리내리고 있는 거예요.

인기를 얻기 위한 정책만 내놓는 '대중영합주의'

오늘날 선진국들은 권위주의나 전체주의의 위험에서 안전한 편이에요. 하지만 선진국이라고 비민주주의의 위험이 없는 것은 아니지요. 선진국의 민주주의를 위협하는 것은 대중영합주의입니다. '포퓰리즘'이라고 더 많이 사용되고 있어요.

대중영합주의는 정치 지도자가 사람들이 원하는 것, 사람들이 좋아하는 것을 약속하고, 인기를 끌어 권력을 차지하고 유지하는 정치예요. 정치가가 연예인처럼 인기를 얻고, 사람들은 정치가를 아이돌처럼 따르는 거죠. 이렇게 되면 정치가를 비판하거나 견제해야 한다는 생각을 하지 못하고 무작정 지지하게 되지요.

대중영합주의 문제점은 합리적인 정책으로 나라를 잘 운영

하기보다는 그때그때 사람들이 좋아할 만한 정책과 발언을 한다는 거예요.

어떤 정책이 인기를 쉽게 끌 수 있을까요? 한 마디로 '공짜'와 '남의 탓'이지요. '공짜'는 세금을 낮춰 주고 복지와 같은 혜택은 늘려 주겠다고 약속하는 거예요. '남의 탓'은 불만이 있는 사람들에게 책임을 떠넘길 대상을 정해 주는 거예요. "네가 성공하지 못한 것은 모두 저들 때문이야"라고 말하면서 사회적 약자(여성, 소수인종, 성소수자, 이민자)를 공격하는 거죠. 때로는 엘리트나 전문가 집단도 공격의 대상이 되는데 그 이유는 이들을 공격하면서 사람들의 상대적 박탈감을 부추기는 거예요.

이들은 순수한 보통 사람들이 다수의 힘으로 나라를 되찾아야 한다고 선동해요. 얼핏 들으면 민주주의 같아요. 하지만 앞에서 배웠죠? 민주주의는 무조건 다수결이 아니라 주인 의식을 가지고 공부하고 토론하는 가운데 이루어지는 다수결이라고.

민주주의가 아닌 정치의 특성

권위주의, 전체주의, 대중영합주의의 공통점이 무엇일까요? 그것은 '다름'을 용납하지 않고 세상을 옳고 그름의 딱 두 가지로 본다는 것, 즉 이분법으로 재단한다는 거죠. 그리고 시민들이 나라의 주인으로 마땅히 가져야 할 책임을 다하지 않으려는 게으름을 가졌을 때 생긴다는 거예요.

사실 이 두 가지는 서로 통해요. 세상을 선과 악, 이분법으로 보고 우리 편은 착한 편이라고 해 버리면 자신과 다른 입장에 대해 번거롭게 공부하거나, 토론하거나, 타협하지 않아도 되니까요. 우리 편은 다 착하니 우리 편끼리는 토론할 필요 없이 뭉치기만 하면 되는 거죠. 똘똘 뭉쳐서 나쁜 상대편과 싸우려면 우리 편 안에서 다른 생각, 다른 의견 같은 것이 나오면 안 되고, 가장 잘 싸울 것 같은 사람을 지도자로 삼아 무조건 따르면 될 뿐이지요.

생각 씨앗 심기

1. 친구들 사이에서 '평등'하다는 건 어떤 걸까요? 모두 똑같이 해야 하는 걸까요, 아니면 다르게 해도 괜찮은 걸까요?

   ....
   ....
   ....
   ....

2. 모든 사람이 다 투표하지 않고, 똑똑한 사람들이 나랏일을 결정하게 한다면 어떤 점이 좋고 어떤 점이 나쁠까요?

   ....
   ....
   ....
   ....

3. '자유'와 '자율'은 어떻게 다를까요?

   ....
   ....
   ....
   ....

4. 학급회의를 할 때 내가 싫어하는 의견도 들어줘야 하는 이유는 뭘까요?

5. 한 명이 모든 걸 결정하면 빠르고 편할 것 같은데, 왜 여러 사람이 함께 결정해야 할까요?

6. 사람들이 좋아하는 말만 하는 정치 지도자가 나라를 이끌면 어떤 문제가 생길까요?

4장

왜 민주주의가 필요할까?

민주주의를 지켜야 하는 이유

지금까지 민주주의의 정신과 제도가 무엇인지 그리고 민주주의의 주인인 시민은 어떠해야 하는지 간단하게 살펴보았어요. 시민의 자격이 그냥 주어지는 것이라고 생각하면 절대 안 돼요. 나라의 주인으로 책임을 다할 때만 권리를 누릴 자격이 있는 시민이 되는 것이니까요.

물론 시민이 주인으로서 자기 책임을 다하지 않는다고 나라에서 시민권을 빼앗지는 않아요. 다만 그런 시민이 많아지면 그 나라의 정치는 더 이상 민주주의를 지킬 수 없지요. 민주주의가 아닌 나라의 국민은 시민이 아니니까 사실상 빼앗기는 것이나 마찬가지겠지요.

그렇다면 왜 이토록 노력해서 민주주의를 지켜야 하는 것일까요? 그냥 지도자에게 맡기거나 그때그때 다수결로 정하는 것이 더 편하지 않을까요? 아니면 국민 중 가장 뛰어난 사람들을 뽑아서 나랏일을 맡기고 다른 사람들은 각자 하던 일을 하는 것이 더 낫지 않을까요?

그렇지 않아요. 지금부터 그 이유를 살펴볼게요.

완벽하지 않아도 고쳐 나가는 민주주의

민주주의가 이루어지는 나라도 완벽하지 않을 수 있어요. 하지만 민주주의 나라는 어떤 점이 부족한지 스스로 찾아내어 고쳐 나갈 수 있지요. 법이나 제도가 뭔가 잘못되어 있으면 불편하거나 손해를 보는 사람들이 불만을 느끼게 될 것이고, 토론을 통해 법이나 제도를 고칠 것이기 때문이지요.

민주주의는 이처럼 '스스로 문제점을 발견하며 발전해 나가는 체제'예요.

　민주주의가 이루어지지 않는 나라는 문제가 발생해도 그것을 알아채지 못할 가능성이 커요. 불편하거나 손해를 보는 사람들이 불만을 표현하지 못하고, 표현하더라도 전달되지 않기 때문이지요.

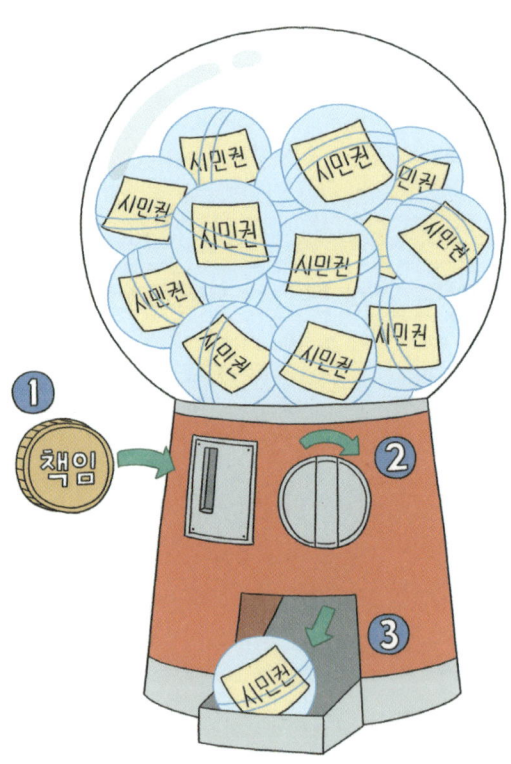

모든 사람의 능력과 지혜가 발휘되는 민주주의

민주주의가 이루어지는 나라는 시민 한 사람, 한 사람이 평등한 권리와 자유를 가집니다. 따라서 나라의 여러 가지 문제와 그 대안에 대해 말할 자격이 있는 사람, 없는 사람이 구별되지 않지요. 시민이라면 누구나 말할 수 있어요. 물론 반론, 반박, 비판을 받을 수는 있지요. 어떤 주장에 대한 반론, 반박, 비판 역시 자유니까요.

반면 민주주의가 이루어지지 않는 나라는, 나라의 여러 가지 문제에 관심을 가지고 말할 수 있는 사람은 몇몇뿐이에요. 대안을 제시할 사람도 거의 없고요.

때에 따라서는 전통이나 지금까지 익숙해진 방법을 완전히 뒤엎고 완전히 새로운 것을 만들어야 할 때도 있어요. 이런 걸 할 수 있는 사람을 '창조적인 천재'라고 하는데, 역사를 살펴보면 창조적인 천재는 지도자나 권한을 많이 가진 사람이 아니라 평범하고 낮은 계층에서 나왔어요. 민주주의 사회가 아니라면 이런 사람들이 기회를 얻기는 힘들겠지요?

튼튼한 나라를 만드는 민주주의

권위주의나 전체주의자의 눈으로 보면 민주주의 국가는 허약하고 금방이라도 무너질 것처럼 보일 거예요. 정부의 권위도 약하고, 사람들은 서로 자기주장을 하며 다투고 있으니 말이죠. 그래서 전체주의 국가는 민주주의 국가를 얕잡아보고 쉽게 싸움을 걸기도 해요. 독일이 그랬고, 일본이 그랬죠.

하지만 민주주의 국가는 겉보기와 달리 전체주의, 권위주의 국가보다 훨씬 튼튼해요. 전체주의, 권위주의 국가는 권력이 집중된 지도자나 정치집단이 무너지면 순식간에 와르르 무너집니다. 하지만 민주주의 국가는 권력이 분산되어 있고, 모든 국민이 시민으로서 권리를 가지고 있기 때문에 특정한 정치인이나 집단이 무너진다고 해서 나라 전체가 흔들리지 않아요.

개인이 발전하는 민주주의

민주주의가 이루어지는 나라에서는 모든 국민이 나랏일에 관심을 가지고 참여합니다. 어느 정도 관심을 가지고 어떻게

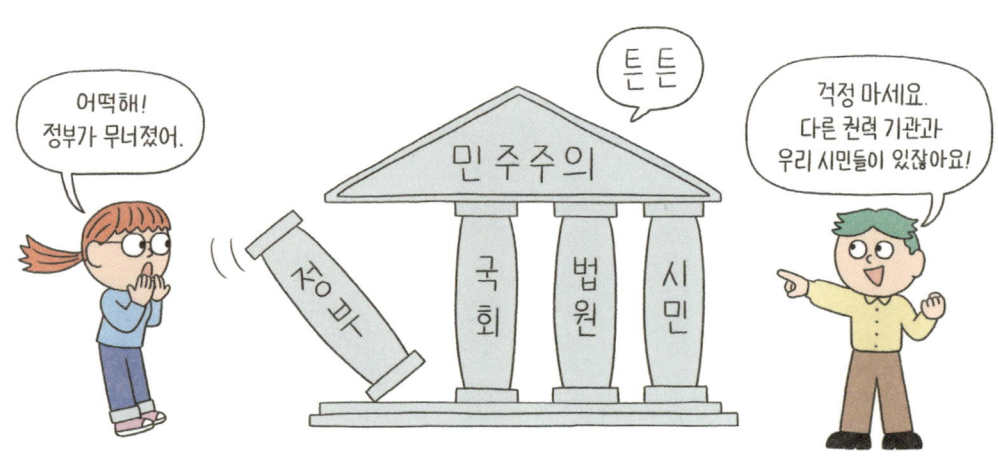

참여할 것인가는 모두 개인의 자유에 달렸어요. 더 많은 관심을 가지고 참여할 수도 있고, 관심 끊고 참여하지 않을 수도 있지요.

<u>민주주의가 이루어지는 나라에서는 어려운 상황이 닥치면 시민들이 힘과 지혜를 모아 극복해 나가요.</u> 이 과정에서 시민들은 배우고 발전하지요. 하지만 민주주의가 이루어지지 않는 나라에서는 이것이 지배자나 소수 엘리트, 특권층의 몫이에요. 평범한 사람들은 나라가 번창하면 혜택을 누리고, 실패하면 고통받기는 하지만, 이 과정에서 성장하고 발전하지는 못해요.

성장하고 발전하는 것이 왜 중요할까요? 그럼으로써 더 행복한 삶을 누릴 수 있기 때문입니다. 성장하고 발전하는 과정 자체가 행복한 경험일 뿐 아니라 성장하고 발전하면 이전보다 더 많이 행복해질 거리를 찾을 수 있어요. 민주주의가 개인을 행복하게 만드는 까닭은 돈을 나누어 주어서가 아니라 성장하고 발전할 기회를 평등하게 보장하기 때문이니까요.

1. 왜 민주주의 나라에서는 시민 한 사람 한 사람이 중요한 걸까요?

   ....
   ....
   ....
   ....

2. 나라의 주인이라는 건 무슨 뜻일까요?

   ....
   ....
   ....
   ....

3. 지도자에게 모든 걸 맡기는 건 왜 위험할까요?

   ....
   ....
   ....
   ....

4. 완벽하지 않은 민주주의를 왜 좋은 제도라고 할까요?

　

　

　

　

5. 민주주의가 잘 이루어지지 않는 나라에서는 어떤 일이 일어날 수 있을까요?

　

　

　

　

6. '창조적인 천재'가 평범하거나 권력을 가지지 않은 사람들 사이에서 나올 수 있는 이유는 무엇일까요?

왜 민주주의가 필요할까?

초판 1쇄 발행 2025년 9월 15일

지은이	권재원
그린이	정민영

펴낸이	이혜경
펴낸곳	니케북스
출판등록	2014. 4. 7	제 300−2014−102호
주소	서울시 종로구 새문안로 92 광화문 오피시아 1717호
전화	(02)735−9515	팩스 (02)6499−9518
전자우편	nikebooks@naver.com
블로그	blog.naver.com/nikebooks
페이스북	www.facebook.com/nikebooks
인스타그램	(니케북스)@nike_books (니케주니어)@nikebooks_junior

ISBN 979−11−94809−08−1
　　　979−11−94809−01−2(세트)

니케주니어는 니케북스의 아동·청소년 브랜드입니다.

책값은 뒤표지에 있습니다.
잘못된 책은 구입한 서점에서 바꿔 드립니다.